My Bilingual Picture Book

کتاب تصویری دو زبانه من

Sefa's most beautiful children's stories in one volume

Ulrich Renz • Barbara Brinkmann:

Sleep Tight, Little Wolf · راحت بخواب، گرگ کوچک

For ages 2 and up

Cornelia Haas • Ulrich Renz:

My Most Beautiful Dream · قشنگ‌ترین رویای من

For ages 2 and up

Ulrich Renz • Marc Robitzky:

The Wild Swans · قوهای وحشی

Based on a fairy tale by Hans Christian Andersen

For ages 5 and up

© 2024 by Sefa Verlag Kirsten Bödeker, Lübeck, Germany. www.sefa-verlag.de

Special thanks to Paul Bödeker, Freiburg, Germany

All rights reserved.

ISBN: 9783756300006

Read · Listen · Understand

Sleep Tight, Little Wolf
راحت بخواب، گرگ کوچک

Ulrich Renz / Barbara Brinkmann

English bilingual Persian, Farsi, Dari

Translation:

Pete Savill (English)

Jahan Mortezai, Ajmal Khan Arifi, Sara Zhalehpour (Persian, Farsi, Dari)

Audiobook and video:

www.sefa-bilingual.com/bonus

Password for free access:

English: **LWEN1423**

Persian, Farsi, Dari: **LWFA1510**

Good night, Tim! We'll continue searching tomorrow. Now sleep tight!

شب بخیر، تیم!

فردا به جستجو ادامه می‌دهیم. حالا خوب بخواب!

It is already dark outside.

بیرون، همه جا تاریک شده است.

What is Tim doing?

تیم چه کار می‌کند؟

He is leaving for the playground.
What is he looking for there?

او به طرف زمین بازی می‌رود.
آنجا دنبال چه می‌گردد؟

The little wolf!

He can't sleep without it.

گرگ کوچک!

او بدون آن نمی‌تواند بخوابد.

Who's this coming?

این چه کسی است که می‌آید؟

Marie! She's looking for her ball.

ماری! او دنبال توپش می‌گردد.

And what is Tobi looking for?

و توبی دنبال چه می‌گردد؟

His digger.

بیل مکانیکی اش.

And what is Nala looking for?

و نالا دنبال چه می‌گردد؟

Her doll.

عروسکش.

Don't the children have to go to bed?

The cat is rather surprised.

بچه‌ها نباید به تخت خواب بروند؟

گربه خیلی تعجب کرده است.

chez Martin
7
Vitrerie
9

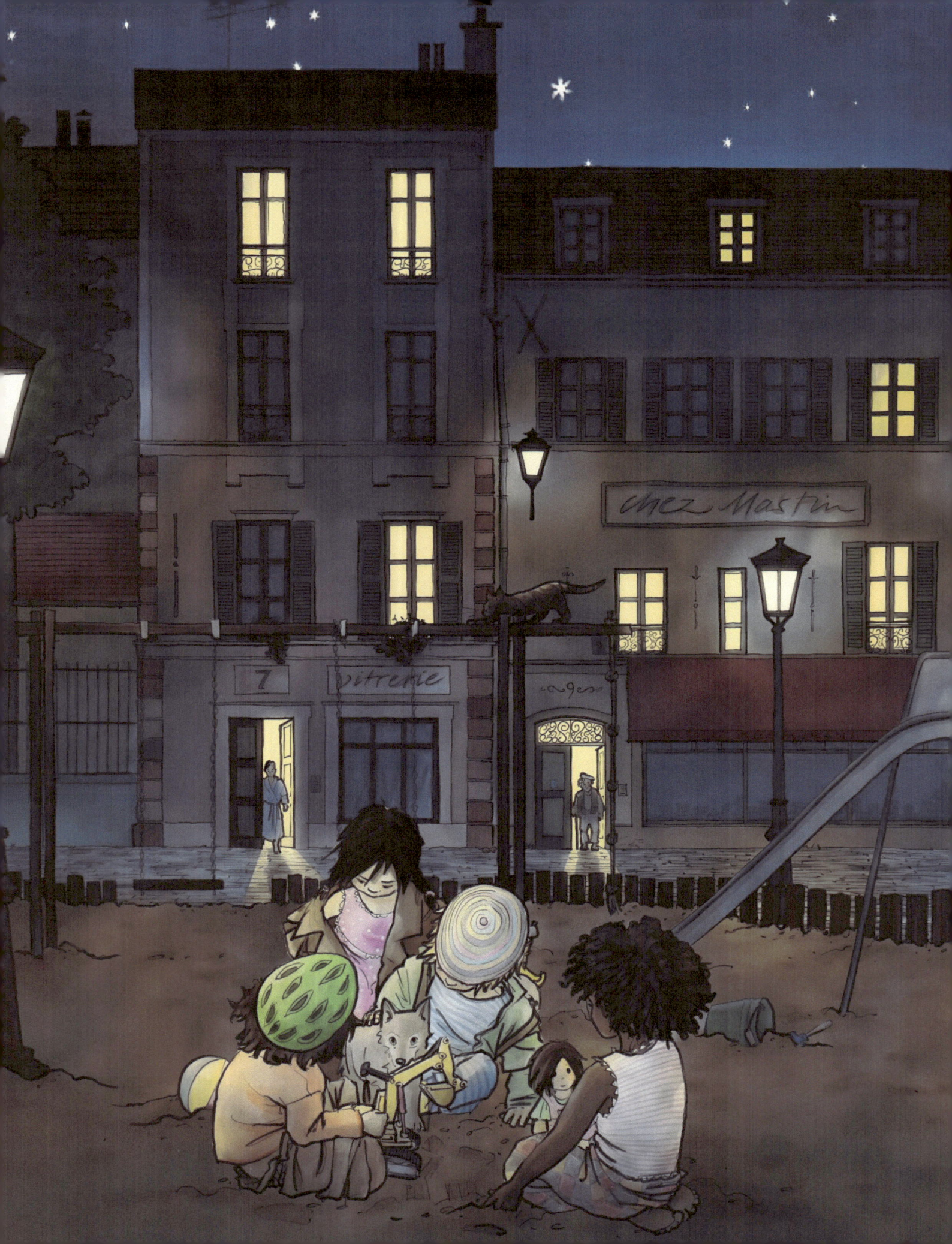

Who's coming now?

دیگر چه کسی دارد می‌آید؟

Tim's mum and dad!

They can't sleep without their Tim.

مادر و پدر تیم!

آن‌ها بدون تیم‌شان نمی‌توانند بخوابند.

More of them are coming! Marie's dad.
Tobi's grandpa. And Nala's mum.

و تعداد بیشتری دارند می‌آیند!
پدر ماری. بابا بزرگ توبی. و مادر نالا.

Now hurry to bed everyone!

حالا همگی سریع به طرف تخت خواب!

Good night, Tim!

Tomorrow we won't have to search any longer.

شب بخیر، تیم!

فردا دیگر لازم نیست جستجو کنیم.

Sleep tight, little wolf!

راحت بخواب، گرگ کوچک!

Cornelia Haas • Ulrich Renz

My Most Beautiful Dream
قشنگ‌ترین رویای من

Translation:

Sefâ Jesse Konuk Agnew (English)

Sadegh Bahrami, Bahar Talai (Persian, Farsi, Dari)

Audiobook and video:

www.sefa-bilingual.com/bonus

Password for free access:

English: **BDEN1423**

Persian, Farsi, Dari: **BDFA1510**

My Most Beautiful Dream
قشنگ‌ترین رویای من

Cornelia Haas · Ulrich Renz

English   bilingual   Persian, Farsi, Dari

Lulu can't fall asleep. Everyone else is dreaming already – the shark, the elephant, the little mouse, the dragon, the kangaroo, the knight, the monkey, the pilot. And the lion cub. Even the bear has trouble keeping his eyes open …

Hey bear, will you take me along into your dream?

لولو خوابش نمی‌برد. بقیه خیلی وقت است که دارند خواب می‌بینند، کوسه‌ماهی، فیل، موش کوچولو، اژدها،کانگورو، شوالیه، میمون، خلبان و بچه‌شیر. حتی خرسه هم تقریباً چشم‌هایش بسته شده است...

هی خرسه، من را هم می‌بری به خوابت؟

And with that, Lulu finds herself in bear dreamland. The bear catches fish in Lake Tagayumi. And Lulu wonders, who could be living up there in the trees?

When the dream is over, Lulu wants to go on another adventure. Come along, let's visit the shark! What could he be dreaming?

و حالا لولو در سرزمین رویاهای خرس‌ها است. خرسه از دریاچه‌ی تاگایومی ماهی می‌گیرد. و لولو با تعجب از خودش می‌پرسد، چه کسی آن بالا توی درخت‌ها زندگی می‌کند؟ رویا که تمام می‌شود، لولو هنوز هم دلش ماجراهای بیشتری می‌خواهد. بیا برویم به دیدن کوسه‌ماهی! یعنی او چه خوابی دارد می‌بیند؟

The shark plays tag with the fish. Finally he's got some friends! Nobody's afraid of his sharp teeth.

When the dream is over, Lulu wants to go on another adventure. Come along, let's visit the elephant! What could he be dreaming?

کوسه‌ماهی دارد با بقیه ماهی‌ها، قایم‌باشک بازی می‌کند. بالاخره دوست پیداکرده است! هیچ‌کس از دندان‌های تیزش نمی‌ترسد.
رویا که تمام می‌شود، لولو هنوز هم دلش ماجراهای بیشتری می‌خواهد. بیایید برویم به دیدن فیله! یعنی او چه خوابی دارد می‌بیند؟

The elephant is as light as a feather and can fly! He's about to land on the celestial meadow.

When the dream is over, Lulu wants to go on another adventure. Come along, let's visit the little mouse! What could she be dreaming?

فیله مثل یک پر سبک شده است و می‌تواند پرواز کند! بعد روی دشتی در آسمان فرود می‌آید.

رویا که تمام می‌شود، لولو هنوز هم دلش ماجراهای بیشتری می‌خواهد. بیایید برویم به دیدن موش کوچولو! یعنی او چه خوابی دارد می‌بیند؟

The little mouse watches the fair. She likes the roller coaster best.
When the dream is over, Lulu wants to go on another adventure. Come along, let's visit the dragon! What could she be dreaming?

موش کوچولو در حال تماشای شهربازی است! بیشتر از همه از ترن هوایی خوشش می‌آید. رویا که تمام می‌شود، لولو هنوز هم دلش ماجراهای بیشتری می‌خواهد. بیایید برویم به دیدن اژدها! یعنی او چه خوابی دارد می‌بیند؟

The dragon is thirsty from spitting fire. She'd like to drink up the whole lemonade lake.

When the dream is over, Lulu wants to go on another adventure. Come along, let's visit the kangaroo! What could she be dreaming?

اژدها از بس آتش بیرون داده است، تشنه است. دلش می‌خواهد تمام دریاچه‌ی لیموناد را تا ته بنوشد.

رویا که تمام می‌شود، لولو هنوز هم دلش ماجراهای بیشتری می‌خواهد. بیایید برویم به دیدن کانگورو! یعنی او چه خوابی دارد می‌بیند؟

The kangaroo jumps around the candy factory and fills her pouch. Even more of the blue sweets! And more lollipops! And chocolate!

When the dream is over, Lulu wants to go on another adventure. Come along, let's visit the knight! What could he be dreaming?

کانگورو در کارخانه آب‌نبات‌سازی بالا و پایین می‌پرد و کیسه اش را پر می‌کند. باز هم بیشتر از آب‌نبات‌های آبی رنگ! از آب‌نبات چوبی‌ها !و از شکلات‌ها!

رویا که تمام می‌شود، لولو هنوز هم دلش ماجراهای بیشتری می‌خواهد. بیایید برویم به دیدن شوالیه! یعنی و چه خوابی دارد می‌بیند؟

The knight is having a cake fight with his dream princess. Oops! The whipped cream cake has gone the wrong way!
When the dream is over, Lulu wants to go on another adventure. Come along, let's visit the monkey! What could he be dreaming?

شوالیه و شاهزاده‌ی رویاهایش دارند به هم کیک پرتاب می‌کنند. اوه! کیک خامه‌ای از بیخ گوشش رد شد!

رویا که تمام می‌شود، لولو هنوز هم دلش ماجراهای بیشتری می‌خواهد. بیایید برویم به دیدن میمون! یعنی او چه خوابی دارد می‌بیند؟

Snow has finally fallen in Monkeyland. The whole barrel of monkeys is beside itself and getting up to monkey business.
When the dream is over, Lulu wants to go on another adventure. Come along, let's visit the pilot! In which dream could he have landed?

بالاخره در سرزمین میمون‌ها برف باریده است! کلِ دارودسته‌ی میمون‌ها حسابی ذوق‌زده شده‌اند و دارند دیوانه‌بازی درمی‌آورند.

رویا که تمام می‌شود، لولو هنوز هم دلش ماجراهای بیشتری می‌خواهد. بیایید برویم به دیدن خلبان! یعنی در کدام رویا فرود آمده است؟

The pilot flies on and on. To the ends of the earth, and even farther, right on up to the stars. No other pilot has ever managed that.
When the dream is over, everybody is very tired and doesn't feel like going on many adventures anymore. But they'd still like to visit the lion cub.
What could she be dreaming?

خلبان پرواز می‌کند و بازهم پرواز می‌کند. تا آخر دنیا و ازآنجا هم باز جلوتر تا ستاره‌ها.

تا حالا هیچ خلبانی نتوانسته این کار را بکند.

رویا که تمام می‌شود، همه حسابی خسته هستند و دیگر نمی‌خواهند دنبال ماجراهای بیشتر بروند. اما هنوز می‌خواهند به دیدن بچه‌شیر هم بروند. یعنی او چه خوابی دارد می‌بیند؟

The lion cub is homesick and wants to go back to the warm, cozy bed.
And so do the others.

And thus begins ...

بچه‌شیر دلش برای خانه تنگ شده است و می‌خواهد برگردد به تخت‌خواب گرم و نرم.

بقیه هم همین‌طور.

و تازه اینجاست ...

... که شروع می‌شود...

... Lulu's
most beautiful dream.

... قشنگ‌ترین رویای لولو.

Ulrich Renz • Marc Robitzky

The Wild Swans

قوهای وحشی

Translation:

Ludwig Blohm, Pete Savill (English)

Jahan Mortezai (Persian, Farsi, Dari)

Audiobook and video:

www.sefa-bilingual.com/bonus

Password for free access:

English: **WSEN1423**

Persian, Farsi, Dari: **WSFA1510**

Ulrich Renz · Marc Robitzky

sefa

The Wild Swans

قوهای وحشی

Based on a fairy tale by

Hans Christian Andersen

English | bilingual | Persian, Farsi, Dari

Once upon a time there were twelve royal children – eleven brothers and one older sister, Elisa. They lived happily in a beautiful castle.

یکی بود، یکی نبود. همه بودند و هیچ کس نبود.

روزی روزگاری دوازده شاهزاده بودند، یازده برادر و یک خواهر بزرگتر به اسم الیزه. آنها خوشبخت در قصر باشکوهی زندگی می کردند.

One day the mother died, and some time later the king married again. The new wife, however, was an evil witch. She turned the eleven princes into swans and sent them far away to a distant land beyond the large forest.

روزی از روزها مادرشان از دنیا رفت و مدتی بعد پادشاه دوباره ازدواج کرد. همسر جدید پادشاه اما جادوگر بدجنسی بود. او یازده شاهزاده را با جادو به شکل قو در آورد و به جایی دوردست فرستاد، به سرزمینی نا آشنا آنسوی جنگل‌های انبوه.

She dressed the girl in rags and smeared an ointment onto her face that turned her so ugly, that even her own father no longer recognized her and chased her out of the castle. Elisa ran into the dark forest.

او لباس‌های ژنده ای بر تن دخترک کرد و صورتش را با روغنی چنان زشت کرد که حتا پدرش هم او را نشناخت و از قصر بیرونش کرد. الیزه به جنگل تاریک گریخت.

Now she was all alone, and longed for her missing brothers from the depths of her soul. As the evening came, she made herself a bed of moss under the trees.

اکنون او تنهای تنها بود و دلتنگی و غم زیادی برای دیدار برادران گمشده اش داشت. غروب که فرا رسید، زیر درخت‌ها برای خودش بستری از خزه ساخت.

The next morning she came to a calm lake and was shocked when she saw her reflection in it. But once she had washed, she was the most beautiful princess under the sun.

صبح روز بعد کنار برکه ای که رسید، از دیدن چهره خود در آب وحشت زده شد. اما بعد از شستن خودش، دوباره زیباترین شاهزاده خانمی شد که خورشید تا بحال دیده بود.

After many days Elisa reached the great sea. Eleven swan feathers were bobbing on the waves.

بعد از چندین روز الیزه به دریای پهناوری رسید. روی مواج، یازده پرقو مثل اَلاکلنگ بالا و پایین می‌رفتند.

As the sun set, there was a swooshing noise in the air and eleven wild swans landed on the water. Elisa immediately recognized her enchanted brothers. They spoke swan language and because of this she could not understand them.

خورشید که غروب کرد، زمزمه ای در هوا پیچید و یازده قوی وحشی روی آب فرود آمدند. الیزه بی درنگ برادران جادو شده اش را شناخت. اما چون آنها به زبان قوها صحبت می‌کردند، او نمی‌توانست حرفهای آنها را بفهمد.

During the day the swans flew away, and at night the siblings snuggled up together in a cave.

One night Elisa had a strange dream: Her mother told her how she could release her brothers from the spell. She should knit shirts from stinging nettles and throw one over each of the swans. Until then, however, she was not allowed to speak a word, or else her brothers would die.
Elisa set to work immediately. Although her hands were burning as if they were on fire, she carried on knitting tirelessly.

در طول روز قوها به پرواز در می آمدند و شبها را کنار خواهرشان در غاری بسر می‌بردند.

شبی الیزه خواب عجیبی دید: مادرش به او گفت که چگونه می تواند برادرانش را نجات بدهد. او می‌بایستی از گزنه برای هر یک از قوها پیراهنی ببافد و روی تک تک آنها بیندازد. در این مدت اما او نباید حتا یک کلمه حرف بزند وگرنه این باعث مرگ آنها خواهد شد.
الیزه بی درنگ شروع به کار کرد. هرچند دستانش چون آتش می‌سوختند، اما او همچنان خستگی ناپذیر می‌بافت.

One day hunting horns sounded in the distance. A prince came riding along with his entourage and he soon stood in front of her. As they looked into each other's eyes, they fell in love.

روزی از در دوردست‌ها آواز شیپور شکار می‌آمد. شهزاده ای با همراهانش سوار بر اسب آمد و کمی بعد مقابل او ایستاد. لحظه ای آن دو در چشمان یکدیگر خیره شدند و یک دل نه صد دل عاشق یکدیگر شدند.

The prince lifted Elisa onto his horse and rode to his castle with her.

شاهزاده الیزه را بر اسب خود نشاند و با هم به سوی قصرش تاختند.

The mighty treasurer was anything but pleased with the arrival of the silent beauty. His own daughter was meant to become the prince's bride.

خزانه‌دار مقتدر از آمدن زیباروی بی‌زبان خوشحال نبود. چون قرار بود دختر خودش عروس شاهزاده شود.

Elisa had not forgotten her brothers. Every evening she continued working on the shirts. One night she went out to the cemetery to gather fresh nettles. While doing so she was secretly watched by the treasurer.

الیزه برادرانش را فراموش نکرده بود. هر غروب بافتن پیراهن‌ها را ادامه می‌داد. شبی به مقصد قبرستان بیرون رفت که گزنه‌های تازه بیاورد. درحالیکه خزانه‌دار مخفیانه او را تعقیب می‌کرد.

As soon as the prince was away on a hunting trip, the treasurer had Elisa thrown into the dungeon. He claimed that she was a witch who met with other witches at night.

زمانی که شاهزاده برای شکار بیرون رفته بود، خزانه دار دستور داد که الیزه را در سیاهچال بیاندازند. او ادعا می‌کرد، الیزه جادوگری است که شبها با جادوگرهای دیگر دیدار می‌کند.

At dawn, Elisa was fetched by the guards. She was going to be burned to death at the marketplace.

سحرگاه الیزه توسط نگهبانان آورده شد. او می‌بایستی در میدان شهر سوزانده شود.

No sooner had she arrived there, when suddenly eleven white swans came flying towards her. Elisa quickly threw a shirt over each of them. Shortly thereafter all her brothers stood before her in human form. Only the smallest, whose shirt had not been quite finished, still had a wing in place of one arm.

او هنوز به آنجا نرسیده بود که یازده قوی سفید پروازکنان سررسیدند. الیزه بی درنگ روی هر یک لباسی از گزنه انداخت. لحظه‌ای بعد برادرانش به شکل آدم مقابلش ایستادند. تنها برادر کوچکتر که لباسش کامل بافته نشده بود، بجای یک دست یک بال را هنوز حفظ کرده بود.

The siblings' joyous hugging and kissing hadn't yet finished as the prince returned. At last Elisa could explain everything to him. The prince had the evil treasurer thrown into the dungeon. And after that the wedding was celebrated for seven days.

And they all lived happily ever after.

روبوسی و دلداری خواهر و برادران هنوز تمام نشده بود که شاهزاده بازگشت. و اینجا بود که الیزه بالاخره توانست کل ماجرا را برایش توضیح دهد. شاهزاده دستور داد خزانه‌دار بدذات را به سیاهچال بیندازند. سپس هفت شبانه روز به جشن و پایکوبی عروسی پرداختند.

و اگر عمرشان بسر نرسیده باشد، هنوز به خوبی و خوشی زندگی می‌کنند.

Hans Christian Andersen

Hans Christian Andersen was born in the Danish city of Odense in 1805, and died in 1875 in Copenhagen. He gained world fame with his literary fairy-tales such as „The Little Mermaid", „The Emperor's New Clothes" and „The Ugly Duckling". The tale at hand, „The Wild Swans", was first published in 1838. It has been translated into more than one hundred languages and adapted for a wide range of media including theater, film and musical.

Barbara Brinkmann was born in Munich in 1969 and grew up in the foothills of the Bavarian Alps. She studied architecture in Munich and is currently a research associate in the Department of Architecture at the Technical University of Munich. She also works as a freelance graphic designer, illustrator, and author.

Cornelia Haas has been illustrating childrens' and adolescents' books since 2001. She was born near Augsburg, Germany, in 1972. She studied design at the Münster University of Applied Sciences and is currently a professor on the faculty of Münster University of Applied Sciences teaching illustration.

Marc Robitzky, born in 1973, studied at the Technical School of Art in Hamburg and the Academy of Visual Arts in Frankfurt. He works as a freelance illustrator and communication designer in Aschaffenburg (Germany).

Ulrich Renz was born in Stuttgart, Germany, in 1960. After studying French literature in Paris he graduated from medical school in Lübeck and worked as head of a scientific publishing company. He is now a writer of non-fiction books as well as children's fiction books.

Do you like drawing?

Here are the pictures from the story to color in:

www.sefa-bilingual.com/coloring

www.ingramcontent.com/pod-product-compliance
Lightning Source LLC
LaVergne TN
LVHW072311090526
838202LV00018B/2267